ERREURS
SUR
LA MUSIQUE
DANS
L'ENCYCLOPEDIE.

A PARIS;

Chez SEBASTIEN JORRY, Quai des
Augustins, près le Pont S. Michel,
aux Cigognes.

M. DCC. LV.

Avec Approbation & Privilége du Roi.

ERREURS

SUR LA MUSIQUE

DANS L'ENCYCLOPÉDIE.

Les Chiffres comme 1. 2. 3. 4. &c. marqueront les Alinea de l'Article dont il sera question.

ACCOMPAGNEMENT, p. 75.

1. 'EST l'exécution d'une harmonie complette & régulière (a) &c. à quoi j'ajouterai , représentant le corps sonore, pour éviter

(a) Définition dont il faut bien se souvenir dans toute la suite.

A ij

dans la suite toute équivoque, toute discussion.

Il semble, en effet, que le Musicien ait imaginé l'Accompagnement de l'Orgue ou du Clavecin, pour présenter continuellement à l'oreille cette *harmonie* fondamentale, *complette & réguliére*, que nous offre la Nature dans tous les Corps sonores.

2. *On y a pour guide &c. Les Italiens méprisent les chiffres ; la partition même leur est peu nécessaire ; la promptitude & la finesse de leur oreille y supplée, & ils accompagnent fort bien, pour ceux qui ne s'y connoissent pas (falloit-il ajouter) sans tout cet appareil.*

C'est justement parce que les Italiens n'ont que leur oreille pour guide dans la Composition, aussi bien que dans l'Accompagnement, que le Chiffre, faute de Méthode, ne leur est pas d'un grand secours : & c'est aussi la raison pour laquelle ils péchent à tout moment, dans cet Accompagnement, contre la plénitude de l'harmonie, & contre sa succession naturelle, comme cela va se vérifier.

Pour juger d'un Art, surtout en Législateur, il faut non seulement le connoître, il faut de plus être doué de tous les talens qu'on doit y supposer, pour pouvoir se rendre raison des effets qu'on en éprouve.   A iij

On dit que les Italiens accompagnent fort bien sans Chiffres, même sans Partition : remarque frivole, à laquelle je répondrai, sur le même ton, que les François font plus, puisqu'ils accompagnent d'oreille les yeux fermés. Donc la promptitude & la finesse de l'oreille l'emportent chez ceux-ci sur les premiers.

Les moins expérimentés accompagnent sans chiffres & sans partition les Rondeaux qui ne roulent presque jamais que sur deux ou trois tons relatifs ; mais lorsqu'il s'agira de ces transitions que l'oreille ne peut pressentir ; & dont je parlerai bientôt ; c'est là qu'échouent les plus grands talens au défaut de la Méthode.

La plus grande preuve qu'on puisse donner contre son oreille en Musique, c'est de vouloir faire entendre qu'une nation peut en être plus favorisée qu'une autre.

L'expérience forme l'Oreille, Il y a des têtes également bien organisées chez toutes les Nations où la Musique est en régne ; mais tel qui aura passé ses premieres années dans un lieu où l'on entend rarement de la Musique, peut fort-bien n'être pas compris dans le nombre.

P. 76. 6. 8ᵉ. ligne, *M. Rameau réduit à deux cas cette succession & il prononce en général, qu'un Accord consonnant ne peut être précédé que de celui de septiéme de la dominante, ou de celui de sixte-quinte de la sousdominante, excepté dans les cadences rompuës, & dans les suspensions ; encore prétend-il qu'il n'y a point d'exception quant au fond. Il nous paroît que l'Accord parfait peut encore être précédé de l'Accord de septiéme diminuée, & même de sixte superfluë.*

Cette citation de M. Rameau est tirée de son Plan d'Accompagnement, p. 22. (*a*) où il admet les *cadences* pour principe (ce qu'il falloit dire) & ausquelles il n'oppose d'exceptions que rélativement à sa méthode & à son

-----

(*a*) Dissertation sur les différentes Méthodes d'Accompagnement.

doigter (ce qu'il falloit dire encore) sans quoi il n'auroit pas ajou-
té immédiatement après, *où* (ce
mot se rapporte aux cadences)
*je prouverai cependant qu'il n'y
a point d'exception quant au fond;*
puisqu'effectivement l'Accord consonnant qui termine la cadence rompuë est précédé de même
que celui qui termine la parfaite,
& puisque la suspension ne fait
que suspendre pour un instant la
route d'une ou deux notes de
quelque Accord que ce soit.

Quant à l'objection, *Il nous
paroît &c.* c'est manquer de connoissance & d'oreille, que de ne
pas reconnoître l'Accord sensible, seul annéxé à toute Domi-

nante qui précéde un Accord
consonnant, dans les Accords de
septiéme diminuée & de sixte superfluë, qui annoncent toujours,
de même que le sensible , une
Cadence parfaite, plus ou moins
absoluë, en quoi consiste toute
leur différence. S'il s'y trouve encore une différence entre le Mode majeur & le mineur, ce n'est
pas là le cas d'en faire mention,
puisqu'il ne s'y agit que des *Cadences* également pratiquées dans
l'un & l'autre Mode par tous ces
mêmes accords : étant à remarquer que M. Rameau a donné
le nom d'*Accord sensible* à celui
de la septiéme d'une Dominante
qui précéde le Consonnant, Do-

minante qu'il appelle enfuite *Do-minante tonique*, pour que ce même accord foit toujours re-connu dans toutes fes différentes combinaifons ou imitations, de même qu'il y eft fenfible, & cela rélativement à la tonique, de laquelle feule on doit être princi-palement occupé dans l'Accom-pagnement.

Dans quel labyrinthe ne jette-t-on pas un Amateur Curieux par toutes ces différences qui peuvent être recueillies fous un feul objet ? Le détail des régles de la Mufique eft immenfe, il eft im-poffible de pouvoir les commu-niquer par ce détail ; au lieu que leur principe eft fimple, précis, & facile à concevoir.

C'étoit dans un Ouvrage, tel que le Dictionnaire Encyclopédique, qu'il falloit s'attacher uniquement au principe, sans y entrer dans des détails qui, quand même ils seroient justes, jettent de la confusion & rebutent à la fin.

Après le principe posé, on peut donner à la fin le détail qui en dépend, mais en recommandant de s'y attacher plus ou moins, selon que le besoin le requiert, comme je le dirai en tems & lieu.

P. 76. 2.ᵉ colonne. 1.º *Quoique suivant les principes &c. il y a des Accords qui seroient insupportables avec tout ce remplissage....*

Un accord n'eſt tel qu'avec tout ſon rempliſſage, il doit être complet ſelon la définition : s'il eſt inſupportable , pourquoi l'employer ? Mais en ce cas ce n'eſt plus un Accord, & s'il eſt Accord il eſt donc ſupportable.

Le défaut d'oreille eſt un grand obſtacle à quiconque prétend ſe donner pour Légiſlateur en Muſique.

Ibid. *Dans la plupart des Accords diſſonnans... il y a quelque ſon à retrancher... Ce Son eſt... quelquefois la Quinte.* Peut-on ſe donner pour Muſicien, & prononcer contre la Quinte qui eſt l'arboutant de l'harmonie, & qu'on doit par conſéquent préférer partout

où elle peut être employée ? A-
t-on oublié que l'*Accompagne-*
ment est l'exécution d'une har-
monie complette & régulière ? On
décide ici déja contre le compléement ; mais comment la régularité se trouvera-t-elle dans un
Accord dont on retranchera
quelques sons ? La régularité de
l'harmonie consiste autant dans sa
succession que dans sa plénitude :
un son doit y être précédé &
suivi de tel & tel autre, si vous le
retranchez, que devient pour l'o-
reille le son qui le précéde, &
comment reçoit-elle celui qui
doit le suivre, lorsqu'elle n'est
nullement prévenuë en sa faveur ?
Il en est de ce défaut de succes-

sion , pour les oreilles délicates , comme d'un homme à qui la voix manque au milieu d'une phrase.

Comparons la définition de l'Accompagnement avec les retranchemens qu'on propose, nous verrons qu'on n'y est nullement d'accord avec soi-même. Voyons maintenant jusqu'où l'Auteur va porter son indiscrétion, nous reconnoîtrons bientôt , ou qu'il s'en est laissé imposer , ou qu'il veut nous en imposer lui-même.

P. 77. 5°. 14e. ligne. *Les Italiens font peu de cas du bruit.... Une tierce , une sixte bien adaptée , même un simple unisson , c'est-à-dire, rien , quand le besoin le demande , leur plaisent plus*

*que tout notre fracas &c. En un
mot ils ne veulent pas qu'on entende rien dans l'Accompagnement, dans la Baſſe, qui puiſſe
diſtraire l'oreille de l'objet principal, & ils ſont dans l'opinion
que l'attention s'évanoüit en ſe
partageant.* Les François enché-
riſſent encore ſur cette opinion :
car ils prétendent qu'on ne doit
point s'appercevoir de l'Accompagnement dans un Concert,
qu'on doit ſeulement s'appercevoir qu'il n'y eſt pas lorſqu'il y
manque.

M. *Rouſſeau* va plus loin dans
ſa Lettre ſur la Muſique Françoi-
ſe p. 51. juſqu'à 56. où il pré-
tend nous donner pour rafine-

ment

ment de goût une harmonie
dénuée de sa plénitude : pur effet
de l'ignorance commune à tous
ceux qui n'ont que leur oreille
pour guide dans l'Accompagnement.

Ce qui peut se présenter à l'o-
reille à force de tâtonnemens, ne
se présente pas de même au jugement, ni aux doigts dans la promptitude de l'exécution , où l'on n'a
pas le tems de réflèchir : & c'est
pour lors qu'au défaut de pouvoir exécuter sur le champ un
certain fond d'harmonie , on
s'accroche à quelques notes de la
Partition, sinon l'on s'en tient à
l'Octave de la Basse. Tel est ce
rafinement prétendu, ce choix si

heureufement pratiqué , & fi heureufement conçu , commun prefqu'à tous les Accompagnateurs fans Méthode.

Si le choix des intervalles , & du lieu où ils doivent être placés, fi encore la réfonnance des uns doit l'emporter fur celle des autres, cela ne peut regarder que l'objet principal du Concert, qui feul doit occuper l'Auditeur, mais dans un Accompagnement qui ne doit pas diftraire de cet objet principal, & qui n'eft admis que pour repréfenter le Corps fonore, ce choix devient non feulement inutile , mais pernicieux , dès qu'il fe fait au préjudice du compléement de l'harmonie or-

donné par la Nature même , &
confirmé par la définition donnée : outre qu'au défaut de ce
compléement , la succession est
interrompuë par les parties ob-
mises : si bien que c'est justement
en ce cas que l'Accompagnement
pourra manquer , puisque l'oreille n'y trouvera plus cette nourri-
ture d'harmonie que lui offre le
corps sonore en résonnant.

Si nous y réfléchissons un peu ,
nous verrons combien la plénitude de l'harmonie dans l'Accompagnement est nécessaire aux
Concertans , soit lorsque l'œil ou
l'oreille même peut les tromper ,
soit par une faute de copie , soit
surtout lorsqu'ils veulent ajouter

au Chant quelques ornemens de leur goût : ils ne voyent dans leur partie qu'une seule note d'une harmonie qui en peut contenir jusqu'à cinq différentes : or quelque bien organisés qu'ils soient, ils tomberont souvent en défaut, en se prévenant sur une modulation toute naturelle , dont le Compositeur se sera expressément écarté pour surprendre , si l'Accompagnateur n'a pas soin pour lors de rendre son harmonie complette , dans l'incertitude où il doit être de l'intervalle capable de guider l'oreille en pareil cas.

Les plus grands Musiciens , c'est-à-dire seulement ceux qui ont le plus de talens dans leur

Art, se préviennent quelquefois contre certains intervalles, faute de réflèxion. Les Italiens, par éxemple, ont affecté pendant longtems de ne point employer la quinte superfluë dans leur harmonie, quoique ce soit la *Note sensible* même, & par conséquent la plus capable de mettre l'oreille sur les voies de la modulation : je ne sais ce qui en est à présent : & c'est apparemment sur de pareilles préventions qu'on a fondé le prétendu retranchement, & le choix imaginaire absolument contraire à la définition.

Les Italiens font peu de cas du bruit. Je rappelle ce discours pour faire remarquer que le mot de *bruit* trop familier à l'Auteur, en fait d'harmonie, ne peut guères être prononcé que contre une mauvaise harmonie, sinon c'est à l'oreille de celui qui la taxe de la sorte qu'il faut s'en prendre.

Quand il s'agit de résoudre une question en Musique, c'est la Nature qu'il faut consulter, & non pas son opinion.

Si l'harmonie de l'accompagne-ment doit être donnée avec une certaine discrètion, notre unique modèle, en ce cas, est le corps sonore qu'il représente : le son fondamental de ce corps sonore domine tellement sur ses harmo-niques, qu'à peine ceux-ci se dis-tinguent avec lui : donc o n ne sçauroit trop multiplier les sons de la Basse, & diminuer la force de ceux de son harmonie ; c'est pourquoi, non seulement on double la Basse avec ses Octaves, d'autres instrumens l'exécutent encore avec le Clavecin : & quant aux Accords, si l'effet en domine trop, c'est le bruit de l'instrument qu'il faut diminuer, & non pas celui qu'on suppose si mal-à-propos dans l'harmonie, qu'on ne peut tronquer sans déroger aux loix de la Nature même, tant dans la plénitude d'harmonie qu'elle nous prescrit, que dans la plus parfaite succession qu'elle nous indique par les routes fondamentales qu'on en reçoit.

L'amour-propre eſt un grand ſéducteur, ſurtout quand il fa-voriſe nos paſſions, nous ne pou-vons imaginer pour lors qu'il y ait des bornes au-delà de notre point de vuë.

Si la Meſure eſt naturelle à tous les Animaux, c'eſt auſſi le premier effet qui nous frappe en Muſique : nous ne devenons ſen-ſibles aux rapports des ſons qu'a-près l'avoir écoutée, cette Muſi-que, pendant quelque tems; no-tre ſenſibilité ſur ce point n'a d'a-bord que la Mélodie pour objet, & ce n'eſt qu'après un certain nombre d'années, ſelon qu'on eſt plus ou moins bien organiſé, qu'on entend plus ou moins ſou-

vent de la Mufique , & qu'on y
donne plus ou moins d'attention,
qu'enfin l'harmonie commence à
prendre le deffus. Or , l'on s'apperçoit affez par tous les raifon-
nemens de l'Auteur , qu'il n'eft
encore fenfible qu'à la feule Mefure , puifqu'il a pû foufcrire à un
retranchement de parties dans les
Accords , qui interrompt la fucceffion de ces parties, & par conféquent la Mélodie qui en doit
naître , furtout quand il fe trouve une diffonance avant ou après
la partie retranchée. Il eft vrai
que ce défaut échappe volontiers
dans l'Accompagnement ; mais
rien ne doit échapper dans un
Art dont on veut rendre comp-

te, chaque partie d'une harmonie fucceffive ayant fa mélodie naturelle qui, même, doit faire loi avant toute chofe : auffi eft-elle le plus généralement fuivie dans les Chants les plus agréables. (*a*)

Ce n'eft donc, à le bien prendre, que la Mefure qui a féduit ici M. Rouffeau, attendu qu'elle tient l'un des premiers rangs dans les airs Italiens : auffi s'eft-il fort étendu fur cet Article dans la Lettre que j'ai déja citée, jufqu'à reprocher à notre Mufique de n'en être pas fufceptible, lorfqu'elle n'y péche que dans le

____

(*a*) C'eft l'ordre des moindres degrés naturels à la voix, appellé *Diatonique.*

Récitatif , auſſi bien que celui des Italiens , encore la Meſure des Vers y ſupplée-t-elle : c'étoit au contraire l'occaſion d'en faire l'éloge , puiſque les ſentimens du cœur , les paſſions ne peuvent être bien rendus qu'en altérant la Meſure.

Un Particulier qui a beſoin d'être excité , d'être animé par le mouvement , parce qu'il n'eſt encore ſenſible qu'à la différence du haut & du bas , du doux & du fort , eſt pardonnable ; mais un Muſicien , du moins ſe donnant pour tel , qui veut dogmatiſer...

On voit donc aſſez qu'uniquement occupé de la Meſure , tout le reſte lui a échappé. Au défaut

de l'oreille il a vû l'Italien employer tantôt plus, tantôt moins
de doigts dans les Accords, d'où
il a conclu que celui-ci ne com-
plettoit pas toujours ces Accords :
prévenu en faveur d'un pareil
Accompagnement, il en a augu-
ré si favorablement qu'il a voulu
nous le donner pour modéle dans
sa Lettre, & pour mieux nous
convaincre sur ce sujet, il y ap-
plique ce qui n'y est de nulle
conséquence, & que M. Ra-
meau n'a prétendu appliquer
qu'aux parties dominantes du
Concert : voici les propres termes
de la Lettre. (a) *Je me souvins*

(a) Lettre sur la Musique Françoise, p. 54.
jusqu'à 58.

Voyez aussi dans le Dictionnaire, Article I.
p. 79.

alors d'avoir lû dans quelqu'Ouvrage de M. Rameau, que chaque consonnance a son caractére particulier, une maniere d'affecter l'ame qui lui est propre ; que l'effet de la tierce n'est point le même que celui de la quinte &c. Plus loin p. 57. *C'est donc un principe certain & fondé dans la Nature, que toute Musique où l'harmonie est scrupuleusement remplie, tout Accompagnement où tous les Accords sont complets, doit faire beaucoup de bruit, mais avoir très-peu d'expression &c.*

On ne peut que louer extrémement toutes les conséquences tirées de ces principes, excepté qu'ils ne conviennent point à

l'accompagnement du Clavecin ,
pour lequel on les rappelle : cet
Accompagnement représentant
partout le corps sonore , dont
l'harmonie est toujours complette , je le répéte encore , outre les
autres raisons que j'ai rapportées
en faveur de ce compléement.

Le défaut de connoissance &
d'oreille a donc fait appliquer mal-
à-propos de si beaux principes à
un objet qui n'en est nullement
susceptible , de sorte que par ce
moyen l'on s'est crû en droit de
pouvoir citer comme une perfection un véritable trait d'ignorance , sans y voir ni sentir qu'il
en naissoit un défaut essentiel ,
contre la mélodie même , en fa-

veur de laquelle tant de beaux raisonnemens ont été imaginés.

Rappellons-nous ces mots cités il n'y a qu'un moment, *ils*, c'est-à-dire, les Italiens, *ne veulent pas qu'on entende rien dans l'Accompagnement, dans la Basse, qui puisse distraire l'oreille de l'objet principal, & ils sont dans l'opinion que l'attention s'évanoüit en se partageant.* Si cela est, à quoi sert donc ce choix si heureusement conçu, puisque l'attention ne doit pas s'y porter.

Surprendre un Législateur de Musique dans un cas d'insensibilité à la mélodie, c'est-à-dire ici, à la marche naturelle & indispensable que doivent avoir entre-el-

les les parties de plusieurs accords
successifs ; c'est déja beaucoup ;
mais que conclure de cette contradiction surprenante qui se trouve entre tout l'article & sa définition ? le jugement n'y est-il pas
aussi nécessaire que l'oreille ?

Pour un Partisan de la Mélodie
c'est bien mal prendre sa bisque
que de s'inscrire contre la plénitude de l'harmonie en général.

Quoique l'effet de la tierce soit
différent de celui de la quinte ,
ce n'est pas à dire pour cela qu'il
faille retrancher une consonnance en faveur de celle dont
l'effet doit dominer : c'est le plus
souvent dans le défaut de proportion entre les voix , entre les ins-

trumens

trumens, que la partie qui devroit dominer, se trouve éteinte
par celle qu'on ne devroit entendre qu'à peine, de même que les
sons harmoniques du corps sonore. Souvenons-nous de l'effet
qu'a produit sur toutes les ames
sensibles *l'Amour triomphe*, dans
un Chœur de Pigmalion, où
l'Acteur reprend seul, avec le
Chœur, ces mêmes paroles sur la
17ᵉ, double octave de la tierce,
pendant que le son fondamental
y est extrêmement multiplié par
des unissons & des octaves, &
pendant que la 12ᵉ, octave de la
quinte de ce même son fondamental, est aussi multipliée, mais
moins : c'est bien là que l'har-

monie *triomphe* , fans le fecours d'une mélodie qui affecte par elle-même , ni d'aucun des acceffoires dont cette mélodie a befoin pour fe rendre agréable, fçavoir, la mefure , la différence du haut & du bas , du doux & du fort , le fon de la voix ou de l'inftrument , la fituation & l'Acteur, dont on tient fouvent ce qu'on attribuë à la feule mélodie : laiffant à part l'harmonie , qui ordonne de la modulation & des intervalles propres à l'effet , & dont l'empire abfolu règne partout , comme une mére fur fes enfans.

Ce feul exemple doit détruire tout ce beau raifonnement, qu'on a employé dans la Lettre pour établir une chimére , *l'unité de mélodie* , mots qui frappent l'oreille dans le difcours , mais dont l'effet n'a que de foibles attraits en Mufique fans le fecours de l'harmonie ; outre que ce mot *d'unité* ne peut empêcher que chaque partie d'un *duo*, d'un *trio*, d'un *quatuor* , n'ait fa mélodie particulière : qu'eft-ce que cela fignifie donc ? on doit y remarquer , fi je ne me trompe , que M. Rouffeau a compté fur le peu de connoiffance des Lecteurs , & fur des oreilles encore peu verfées dans l'Art : qui croiroit cependant que lui-même renverfe tout fon édifice, après l'avoir élevé jufqu'aux nuës, en difant, p. 48.

& 49. de la Lettre, *il faut garder la dureté des diffonances, les fons perçans & renforcés, le fortiffimo de l'Orcheftre pour des inftans de défordre & de tranfport, où les Acteurs femblant s'oublier eux-mêmes, portent leur égarement dans l'ame de tout Spectateur fenfible, & lui font éprouver le pouvoir de l'harmonie fobrement ménagée.* Quel pouvoir ! la vérité échappe ici malgré qu'on en ait : quel aveu pour un Partifan outré de la mélodie ! que lui refte-t-il donc, à cette mélodie ? L'ufage qu'en font les Italiens va bientôt nous l'apprendre.

Outre le fufdit éxemple, combien n'y a-t-il pas d'autres Chœurs de M. Rameau , sans parler de celui de l'Opéra de *Jephté* , qui ont également pénétré jusqu'à l'ame : il est vrai que la plûpart sont secondés pour lors d'une situation intéressante.

D'ailleurs les situations qu'exposent les Monologues de *Thesée* au 4ᵉ Acte d'*Hippolyte & Aricie*, de *Télaïre* au 2ᵉ Acte de *Castor & Pollux* , de *Tirtée* au 2ᵉ Acte, des *Talens Lyriques*, & de *Dardanus*, au 4ᵉ Acte de l'Opéra de ce nom, seront presque insensibles avec la voix seule , à moins que l'Acteur ne soit capable de nous y séduire par son jeu & par son action ; au lieu que , fût-il immobile , l'harmonie suppléera certainement à

fon défaut, toute proportion gar-
dée entre la voix & les inftru-
mens : proportion dont le défaut
n'eft prefque jamais foupçonné
par ceux qui ont deffein de criti-
quer, finon il y auroit bien de la
mauvaife foi dans leur critique.

Si l'on prétend fonder l'unité
de mélodie fur les uniffons dont
les violons augmentent le *bruit*
de la vocale, je n'ai plus rien à
dire. Je me fers içi du mot *bruit*
familier à l'Auteur en fait d'harmonie ; ne feroit il pas plus convenable à la mélodie ?

Qu'on éxécute un Chant dénué
de tous fes acceffoires, de mefure furtout, & où il ne paroiffe
pas qu'on puiffe joindre des paro-

les, on en fera beaucoup moins affecté que d'un tambour qui battra en mesure : qu'on en fasse autant de l'*Amour triomphe* que j'ai cité, son effet ne changera point, l'harmonie y triomphera toujours.

Au reste ces sortes d'unissons ne conviennent qu'à des airs vifs & gais exempts d'action, d'intérêt, de sentimens, de passions, tels que presque tous les Rondeaux des airs Italiens, où l'on abuse même de cette gaité dans des cas qui y sont opposés. Les Musiciens Italiens ne cherchent en général qu'à amuser l'oreille par des mouvemens qui égaient, qui excitent, qui animent, par des roulades où le Chanteur puisse se faire admirer, & par des doux, des forts, des hauts, des bas, à la portée de tout Muſicien : de ſorte que pour les imiter à propos, cela ne dépend plus que de nos Poëtes.

Il ne faut point de réflèxion pour juger ſi la Muſique plaît ou non ; c'eſt ce qui fait que les Gens de goût ne veulent point l'approfondir, & plus ils ſont pénétrans, plus ils cédent aux diſcours, quoique trompeurs, qui s'accordent avec leur goût, borné d'ailleurs par leur peu d'expérience : on ne s'en tient pas là, on ſe donne pour Compoſiteur, on croit pouvoir leur préſenter impunément de la Muſique dans des genres tout-à-fait oppofés , comme partant de la même fource , imaginant , fans doute faute de fentiment & de connoiffance, qu'aucun ne pourra s'appercevoir d'une pareille difparate : c'eft un fait qui me revient à la mémoire , dont il y a plufieurs témoins , & que je crois pouvoir citer pour faire connoître combien il eft facile d'en impofer à quiconque n'éxamine rien.

Il y a dix ou douze ans qu'un Particulier fit éxécuter chez M. *** un Ballet de fa compofition, qui depuis fut préfenté à l'Opéra, & refufé : je fus frappé d'y trouver de très-beaux airs de Violon dans un gout abfolument Italien,

& en même tems tout ce qu'il y a de plus mauvais en Musique Françoise tant vocale qu'instrumentale, jusqu'à des Ariettes de la plus plate vocale secondée des plus jolis accompagnemens Italiens. Ce contraste me surprit, & je fis à l'Auteur quelques questions, ausquelles il répondit si mal, que je vis bien, comme je l'avois déja conçu, qu'il n'avoit fait que la Musique Françoise, & avoit pillé l'Italienne.

Je tire à présent de ce fait une conséquence qui me paroît juste, sçavoir que si le Ballet eût été représenté à l'Opéra, & que le Public en eût pû juger comme moi, M. Rousseau n'auroit pas manqué d'en tirer avantage en faveur de tous les paradoxes qu'il a avancés dans sa *Lettre &c.* Cependant il auroit eû grand tort, puisque ce Ballet auroit seulement prouvé qu'une bonne Musique Italienne vaut mieux qu'une plate Musique Françoise, que dans l'ouvrage d'un mauvais Auteur, ce qu'il a pillé vaut mieux que ce qu'il a fait lui-même, enfin qu'il n'est pas impossible à cet Auteur de piller de fort bonnes choses, parce que sans aucun génie, dénué d'oreille, de sentiment, d'expérience, & de connoissances, on peut ne pas manquer absolument d'un certain gout; mais ce degré de gout est si commun qu'il ne mérite aucun éloge,

pas même le nom de gout, réser-
vé à un sentiment plus fin : outre
que c'est peut-être lui faire grace
encore , puisqu'il peut bien n'a-
voir fait le choix que sur le témoi-
gnage d'un tiers , ou sur une cé-
lébrité générale.

Tant qu'on ne considérera que
la Mélodie comme principal mo-
teur des effets de Musique , on ne
fera pas de grands progrès dans
cet Art, puisque même elle y a
moins d'empire que la mesure ,
selon ce que j'en ai déja touché,
& ce qu'on peut aisément éprouver d'ailleurs , en éxécutant len-
tement un air qui aura réjoui par
sa gaîté. Au reste , ce n'est ni du
haut ni du bas que naît l'expres-

sion , & c'est uniquement du rapport des modes entrelacés par une certaine transition de l'un à l'autre , excepté qu'on n'y veuille jouer le mot , ou qu'il ne s'y agisse de l'imitation de quelques Météores.

Que l'on passe, par éxemple, du mode d'*ut* à celui de *sol* , par l'intervalle d'*ut* à *fa diéze* , & que ce *fa diéze* soit donné au-dessus , ou au-dessous d'*ut* , dès que l'inflèxion y sera dirigée par le même sentiment , l'effet en sera absolument le même : alternative qui s'observe tous les jours rélativement à l'étenduë des voix , & qu'on peut remarquer dans bien d'autres cas.

Ce n'est donc que de l'harmonie , mére de cette Mélodie, que naiſſent directement les différens effets que nous éprouvons en Muſique : non que ſes acceſſoires n'y contribuent, ſçavoir la Mélodie , la meſure &c. mais ſans elle , ces mêmes acceſſoires tombent en pure perte : réflèxion qui ne doit pas être indifférente.

Il s'en faut bien que l'harmonie ſoit au comble de ſa perfection , je n'en ai cité que de foibles eſquiſſes , en comparaiſon de ce qu'elle pourra produire lorſque la Nature y ſera imitée dans tous ſes points.

Si le R. P. Caſtel s'en fût tenu à l'harmonie pour conſtater ſon analogie avec les couleurs , je crois qu'il auroit eû autant de Partisans que de Lecteurs : en effet , l'harmonie , aussi bien que les couleurs, a besoin d'une certaine durée pour que ses rapports puissent pénétrer jusqu'à l'ame : & de même qu'une succession rapide de couleurs ne forme qu'une confusion qui peut, tout au plus , amuser les yeux , de même aussi une succession rapide de sons , ordinaire à la Mélodie , surtout dans des mouvemens vifs , ne fait qu'amuser l'oreille.

Une pareille analogie décide beaucoup en faveur de l'harmonie , dont la durée nécessaire , pour produire son effet sur l'ame, a été reconnuë de nos premiers

Modernes : voyez Zarlino , Kir-
kers, & autres , ils difent précifément que la Baffe doit marcher
à pas lents , pendant que les autres parties peuvent doubler , tri-
pler le pas , & plus : fous-enten-
dant l'harmonie dans le mot de
Baffe , puifque toute l'harmónie
de quelque Mufique que ce foit ,
porte fur la Baffe. Mais avons-
nous befoin , en ce cas , d'autre
autorité que notre propre expérience ?

Tout Chœur de Mufique qui
eft lent , & dont la fucceffion
harmonique eft bonne , plaît
toujours fans le fecours d'aucun Deffein , ni d'une Mélodie qui puiffe affecter d'elle-même :

me : & ce plaisir est tout autre
que celui qu'on éprouve ordinairement d'un Chant agréable , ou
simplement vif & gai : l'un se rapporte directement à l'ame, l'autre ne passe pas le canal de l'o-
reille : j'en appelle encore à l'*A-
mour triomphe* ,déja cité plus d'u-
ne fois : que l'on compare le plaisir qu'on en éprouve à celui que
causera un air, soit vocal , soit in-
strumental , bientôt on en sentira
la différence.

Allons plus loin , & remar-
quons que , dès qu'il s'agit de
peindre une situation dans une
Mélodie dont la vivacité doit ré-
pondre à un caractére vif , gai ,
bouillant, effréné, si l'on n'y ral-

D

lentit pas le mouvement, ou du moins si l'on ne donne pas à la Note , sur laquelle l'expression doit se faire sentir , une valeur double , triple , quadruple , & même plus , de celle qu'éxige le courant du chant , l'effet est manqué : ce qu'on reconnoîtra dans tous les morceaux de Musique , où se trouvent quelques traits sensibles d'une expression marquée.

Croit-on pour lors que l'effet éprouvé naisse de la Mélodie ? On se trompe : ce repos forcé , dont je viens de parler , n'a lieu que pour faire sentir à l'ame le rapport des deux harmonies qui se succédent , la derniére empruntant toute sa force de la premiére par le plus ou moins de rapport qu'elles ont entr'elles.

Tout le monde, fans en excepter le Muficien, a crû jufqu'à préfent que la caufe de l'effet réfidoit dans la Note du Chant fur laquelle on l'éprouve, ou du moins dans l'intervalle par lequel on y arrive : erreur, erreur, cent fois erreur, dont on auroit dû revenir dès le nouveau fyftême de M. Rameau (*a*) où il prouve bien évidemment le contraire.

On fait que nos fens font trompeurs, cependant on ne jure que par eux, on n'éxamine rien, & l'on décide toujours par provi-

(*a*) Nouveau Syftême de Mufique Théorique, Chapitre VIII.

sion, on prend le produit pour le générateur, l'effet pour la cause, enfin tout est bouleversé : n'ouvrira-t-on jamais les yeux, ne pourrai-je les défiller ? essayons, que risquai-je ? j'espere tout de l'éxemple suivant, où je rappelle le même intervalle d'*ut* à *fa diéze*, dont il a déja été question.

Dès qu'un intervalle éxiste dans le même Accord, ou dans deux Accords d'un même mode, son effet n'a rien de particulier, si ce n'est qu'à l'aide de l'Acteur, l'intervalle d'*ut* à *fa diéze*, par éxemple, peut servir à des apostrophes, interrogations, exclamations, affirmations, négations ; mais lorsque le mode change d'un

son à l'autre, c'est pour lors qu'on
sent, dans le même intervalle formé par ces deux sons, presque
autant de différentes expressions
qu'il y a de rapports différens
entre les deux modes qui s'y succédent, ces expressions tenant
même du tendre, du triste, du
lugubre, de l'affreux, du plaisant,
du joyeux, du menaçant, de
l'emportement, de l'horrible, selon que le passage se fait à la quinte
au-dessus, ou au-dessous, & que les
modes sont majeurs ou mineurs,
en les secondant d'un mouvement
convenable à la situation.

EXEMPLE.

Le nom des Notes expose la

Baſſe, & les chiffres au-deſſus ſont
les chiffres en uſage dans l'Accompagnement : de ſorte que ſi
peu qu'on poſséde cet Art, on
pourra s'inſtruire, par ſon propre
ſentiment, des différens effets
produits par la différence du rapport des modes, en chantant *ut*
au-deſſus de la première note, &
fa diéze au-deſſus de la deuxiéme,
& encore au-deſſus ou au-deſſous
d'*ut*.

×⁷　×⁷
ré, *ré*, (a) ou *la*, *ré*, mode majeur ou mineur de *ſol*.

×⁷　×⁷
ré ſi : cadence interrompuë en
paſſant du mode majeur de *ſol* au
mineur de *mi*.

(a) La petite ×, tient lieu d'un Diéze, &
le b, d'un Bémol.

^{×6}
ut la : passage du mode majeur
ou mineur d'*ut* au majeur ou mineur de *sol*.

^{×4}
ut la : passage du mode majeur
d'*ut*, au mineur de *mi*.

♭ ♭7
ut la : passage du mode mineur
d'*ut* au mineur de *si bémol*.

♭7
la ×*ré* : passage du mineur de *la*
au mineur de *mi*, ou au mineur
de *sol*, en donnant à *ré diéze* le
nom de *mi bémol*, sans rien chan-
ger, d'ailleurs, à son accord.

×
la ré : passage du mode mineur
de *la* au majeur ou mineur de *sol*.

×
fa ré : passage du majeur de *fa*
au majeur ou mineur de *sol*.

D iiij

fa la : paſſage du majeur ou mineur de *fa* au mineur de *ſi bémol*,
en donnant à *fa diéze* le nom de
ſol bémol, qui eſt effectivement
la ſeptiéme diminuée, $\flat7$, de *la*.

Partout où ſe trouve un Accord de ſeptiéme diminuée, chiffré $\flat7$, l'enharmonique peut avoir
lieu, en y prenant pour note ſenſible celle que l'on veut des quatre qui compoſent cet Accord,
tout formé de Tierces mineures :
de ſorte que la Tonique, annon-
cée par cette note ſenſible arbitraire, pouvant être auſſi réputée
dominante tonique d'un mode
majeur ou mineur, on peut paſſer
dans douze modes différens à la
faveur de ce même Accord, qu'il

faut favoir reconnoître dans fes différentes combinaifons ; mais en ce cas , une troifiéme note de Baffe doit fuivre pour faire entendre le mode fous-entendu par la note fenfible choifie par préférence : & c'eft de-là que naiffent principalement ces peintures fortes dont je viens de faire l'énumération , du moins en partie.

Partout encore où fe trouve un diéze , chiffré ×, au-deffous ou à côté d'un chiffre dans un mode mineur, le même accord de feptiéme diminuée peut avoir lieu, & par conféquent l'enharmonique, en y tranfportant la dominante tonique un demi-ton plus haut , fans que la modulation ni l'harmonie en souffrent.

Pour bien sentir l'effet de chacun de ces passages, il faut qu'ils soient amenés par différentes modulations composées d'un certain nombre de phrases harmoniques: voyez comment le Chœur de l'*Amour triomphe* est conduit dans l'Acte de Pigmalion : après y avoir fait oublier, pour ainsi dire, le mode principal & dominant par d'autres modes, il revient justement lorsqu'on s'y attend le moins, pour faire éprouver, par son retour, l'un des plus agréables effets de l'harmonie : (*a*) voyez

(*a*) Quant à l'effet du moment où Pigmalion se joint au Chœur pour chanter l'*Amour triomphe* : si la Basse y débutoit & finissoit dans

auffi le Monologue de Dardanus par où débute le quatriéme Acte au fujet de l'enharmonique : la dureté de l'harmonie y fait bien fentir l'effet de la fituation : je pourrois renvoyer encore au Trio des Parques d'Hippolyte & Aricie , dont toute l'horreur qu'elles annoncent fe trouve peinte dans un *genre diatonique enharmoni-*

le mode de *fa* , ainfi *fa ut fa* , au lieu qu'elle y débute par le mode de *fi bémol* , ce même *fi bémol* devenant enfuite fous-dominante de *fa* où il paffe, on en feroit beaucoup moins agréablement affecté : tant il eft vrai que l'harmonie feule donne à la mélodie fon caractére diftinctif.

Citer un même paffage pour différentes preuves , c'eft épargner aux Amateurs le foin, le tems & la peine de feuilleter plufieurs Livres pour fatisfaire leur curiofité.

que ; mais il faut non-ſeulement trois grands Muſiciens pour le chanter, il y a d'ailleurs une maniére de s'y prendre qu'on peut ignorer, ou à laquelle on n'a pas encore eû la patience de ſe prêter.

Je demande à préſent ſi l'effet de ce ſeul intervalle d'*ut* à *fa diéʒe*, pourra jamais produire aux yeux, non plus qu'à l'oreille, les différentes expreſſions que les différentes modulations y aménent.

Un éxemple bien plus ſimple encore, & par conſéquent plus à portée de tout le monde, c'eſt celui qui ſe trouve dans la démonſtration du principe de l'harmonie, p. 40, au ſujet d'un repos abſolu après lequel on ne de-

fire plus rien , dit , *Cadence par-*
faite : que l'on chante , en effet ,
telle partie qu'on voudra de ces
trois qui forment le repos , *fi ut ,*
ré ut , fa ou *fol mi* , qu'on les
chante enfemble fi l'on veut ,
l'harmonie de leur Baffe fondamentale , *fol ut* , fera fentir effectivement ce repos abfolu : au lieu
que , fi on leur donne pour Baffe ,
fol la , où pour lors on paffe du
mode d'*ut* à celui de *la* , on y
defire une fuite.

Tel qui cherche l'harmonie
dont il peut accompagner un
chant qu'il a imaginé , cherche
juftement le principe qui le lui a
fuggéré , principe dont le germe
eft en lui , & dont toutes les dé-

pendances s'y développent à mefure que l'expérience le favorife.

L'harmonie fucceffive engendre la mélodie, c'eft-à-dire, tous
les chants poffibles, dont le fond
réfide uniquement dans un accompagnement bien conduit, tel
que M. Rameau le prefcrit dans
fon Plan, où la fucceffion des
confonances, & *des* diffonances,
foit pour *préparer* celles-ci, foit
pour les *fauver*, fe trouve bien
plus réguliérement obfervée qu'elle n'a jamais pû l'être par les régles qu'on en avoit données juf-
ques-là : toute la variété qu'on
peut introduire, dans cette mélodie, ne confiftant que dans les
différentes combinaifons de ce

fond , & dans les ornemens de goût , tirés néanmoins de ce même fond , soit en formant un chant des différentes notes d'un même accord , soit en passant de l'une de ces notes à l'autre par les moindres degrés naturels, soit en passant d'une harmonie à une autre par ces mêmes dégrés (a), comme cela se pratique naturellement par la seule méchanique des doigts dans ce Plan de M. Rameau. Comment donc un Partisan de la mélodie a-t-il pû penser qu'on dût retrancher quelques

(a) Les septiémes ne font que des secondes renversées , & les neuviémes , dixiémes , onziémes , douziémes , &c. ne font que des octaves de seconde , de tierce , de quarte , & de quinte.

fons, quelques notes d'un accord?
n'auroit-il pas dû voir que l'ordre
de cette mélodie fe trouvoit dé-
truit par-là , & qu'il en retran-
choit juftement le fon , peut-être
le plus favorable à la combinaifon
la plus heureufe.

Ainfi , toute la Mufique étant
comprife dans l'harmonie , on
en doit conclure que ce n'eft
qu'à cette feule harmonie qu'on
doit comparer quelque fcience
que ce foit.

Reprenons la fuite de notre
Article ; l'Auteur y eft toujours
le même.

A la fin de l'Article 10. p. 76.
2ᵉ. colonne, on lit : *Quand M.*
Rameau veut qu'on rempliffe tous
les

*les Accords, il a bien plus d'é-
gard à la facilité du doigter &
à son syſtéme particulier.... qu'à
la pureté de l'harmonie.*

En quoi conſiſte *la pureté de
l'harmonie,* ſi ce n'eſt dans ſon
compléement & dans ſa *régularité?* Telle eſt la définition donnée à la tête de cet Article. Or ſi
le ſyſtême de M. Rameau & ſon
doigter répondent à l'un & à l'autre, comme on en convient dans
toute la page 76. & au mot *chiffrer,* c'eſt donc à cette ſeule *pureté de l'harmonie* qu'il a principalement égard : toute harmonie
tronquée n'eſt pure, ni en elle-
même, ni dans ſa ſucceſſion.

En éxaminant le Plan de M.

E

Rameau fur l'Accompagnement,
on auroit bien dû reconnoître
qu'il eft principalement imaginé
pour former l'oreille : il fuffiroit,
pour s'en convaincre, d'éxercer
pendant quelques mois la méchanique des doigts qu'il y fait
obferver : & pour lors, loin de
glofer fur les fignes qui fervent à
guider cette méchanique, comme on le fait à la fin du mot
chiffrer, p. 337. on auroit vû au
contraire que ces fignes, tant
qu'ils ne varient point, difpen-
fent de toute réflèxion, que pour
lors les doigts y marchent ma-
chinalement fans pouvoir fe tromper, que l'œil avertiffant de l'en-
droit où le figne change, les

doigts accoutumés à toutes les différentes routes indiquées par ce changement de signes , s'y prêtent sur le champ , que l'oreille également formée à ces mêmes routes , ordonne & se trouve obéie dans le moment ; enfin que la connoissance des différentes cadences qu'indique ce même changement de signes , d'accord avec l'Oreille , prévient assez tôt les doigts pour qu'ils n'y tombent point en défaut.

Après avoir fait dépendre de la seule oreille la plus parfaite éxécution de l'Accompagnement, comment est-ce qu'on n'a pas senti que cette oreille une fois formée , & fecondée , tant par la connoiſſance, que par une méchanique des doigts , devoit être bien plus promptement obéïe dans cette éxécution.

Au commencement du dernier Alinea du même mot *chiffrer*, toujours p. 337. on dit que la Méthode *n'exprime point.... la véritable harmonie fondamentale.* On auroit dû dire feulement qu'elle ne l'exprime point par ſes ſons fondamentaux , parce que tout s'y rapporte à la Tonique , qui doit être principalement préſente à l'Accompagnateur : & l'on en auroit dû conclure, au contraire , en faveur de la découverte , puiſqu'il ne s'y agit, pour le Compositeur , que de sçavoir , par exemple , que l'Accord sensible indiqué par un x, est l'harmonie fondamentale d'une Dominante tonique , comme cela est expliqué formellement dans le *Plan* , si je ne me trompe.

Dans l'Alinea qui précéde celui qui vient d'être cité , il y a, *on sent bien qu'il faut supposer ici que toute dissonance se sauve en descendant ; car s'il y en avoit qui dussent se sauver en montant, les points de M. Rameau seroient insuffisans.*

Ceci est prononcé d'une maniére à laisser de l'équivoque ; car en disant, *s'il y avoit des disso-*

nances qui duſſent ſe ſauver en montant, on laiſſe à douter s'il y en á, ou non. Il y en a effective-ment deux, la note ſenſible dans ſon accord, & la ſixte ajoutée : or la méthode rend la ſucceſſion de ces deux diſſonances ſi fami-liére aux doigts par la méchani-que, qu'ils peuvent toujours y prévenir le jugement & l'oreille, d'autant plus qu'elles ſont tou-jours ſuivies d'un Accord parfait indiqué par le ſigne. Qui plus eſt, ces diſſonances montent toujours ſeules : ce qui va ſe vérifier au mot *Cadence*.

Au reſte M. Rameau doit être très-ſatisfait de la juſtice qu'on rend à ſon Plan dans ce Dictionnaire : & si l'on vouloit s'en tenir à copier fidèlement tous ses principes, sans y ajouter du sien, le Lecteur en seroit mieux instruit ; puisque la plupart des exceptions, des objections, des décisions même, qu'on y ajoute, sont fausses.

Déja presque tout ce qui est exposé dans l'Article de l'Accompagnement est contradictoire à sa définition : on y porte l'excès jusqu'à vouloir faire passer pour perfection une des plus grandes preuves de l'ignorance : les exceptions & les objections ont été relevées : pour ce qui est des décisions, M. Rameau en a déja condamné une dans ses observations que je rappellerai bientôt ; celles qui regardent les Italiens ne font pas moins érronnées; mais il va s'en trouver d'autres encore bien plus répréhenfibles.

ACCORD, p. 78.

Je ne m'attendois pas à trouver ici ces *Accords infupportables* dont apparemment on a voulu parler à l'alinea 1°. de la p. 76.

Malgré la voix de la nature, malgré l'oreille fon fidéle interpréte en Mufique, malgré ce que M. *Rameau* a pû tirer de l'une & de l'autre pour conftater la *fuppofition*, malgré les moyens les plus fimples qui ont dû fe préfenter à M. *Rouffeau* pour lui défiller les yeux fur fes erreurs à

ce fujet, que dis-je, malgré fa décifion même fur la génération de
la diffonnance, décifion abfolument oppofée à ce qu'on va lire,
il attribuë à cette *fuppofition* un
droit de renverfement qui ne
peut appartenir qu'à l'harmonie
fondamentale.

Dans fa décifion fur la diffonance, p. 1049, il réfute le *la*
placé entre *fol* & *fi*, ce qui feroit
fol la fi, & *diffonneroit double-*
ment. Or, *fol la fi*, ou *fa fol la*
qui fe trouvent dans le pénultié-
me Accord du dernier éxemple
de la p. 78, & qui fe fous-enten-
dent également dans les deux
autres appellés *dérivés*, c'eft tout
un : comment ne s'eft-il donc pas

apperçu qu'il condamnoit à *dif-
sonnance* ce qu'il veut faire approu-
ver à *Accord*.

Tout Accord dérivé ou ren-
versé d'un autre doit contenir le
même nombre de sons : cependant l'Accord de la neuviéme en
contient cinq différens , & ceux
qu'on appelle ensuite ses *dérivés*
n'en contiennent que quatre.

La même harmonie qui précéde & suit un Accord fondamental , doit également précéder &
suivre ses dérivés ; les intervalles
que forment ces derniers avec le
son fondamental ne doivent jamais varier ; ils doivent encore
pouvoir entrer dans les mêmes
modes , supposé qu'ils puissent

être admis dans plusieurs ; enfin
puisque tous n'en font qu'un dif-
féremment combiné , ils doivent
par conséquent être tous suscep-
tibles des mêmes accidens : néanmoins rien de tout cela n'arrive
aux dérivés prétendus , comme je
vais l'expliquer dans le moment ;
tout y a échappé aux yeux , à l'o-
reille , au jugement : que de
moyens cependant pour empêcher de s'égarer en pareil cas, &
que ces moyens font simples
pour un homme intelligent, du
moins pour une oreille un peu
sensible ?

Il n'y a pas un Musicien un peu
versé dans l'art qui ne soit au fait
de toutes ces particularités par sa

feule expérience , & pour peu qu'on foit fenfible à l'harmonie, on fentira l'énorme difcordance qui fe trouve dans les Accords prétendus *dérivés* , l'Accord même par fuppofition n'étant fupportable que dans une fucceffion , où il forme pour lors une efpèce de fufpenfion ; mais tout cela n'eft rien auprès de ce que la nature prefcrit en pareil cas ; & c'eft du moins ce qui n'auroit pas dû échapper à celui qui veut nous en dicter les loix.

Le corps fonore fait réfonner fon harmonie , an lieu qu'il fait fimplement frémir fa 12e. & fa 17e. au-deffous , en leur ôtant le droit de rendre tout autre Son que fon uniffon , par la divifion à laquelle il les force en même tems: de forte , même , qu'en fuppofant chaque partie du corps divifé fufceptible d'harmonie , il rendroit précifément la même que celle du corps qui le met en mouvement , puifque chacune de ces parties donne l'uniffon de ce dernier corps : donc , cette 12ᵉ. & cette 17ᵉ. au-deffous , qui font des octaves de la quinte & de la tierce au deffous du fondamental , feules employées dans la fuppofition, ne pouvant plus être fenfées harmonieufes dans leur totalité , ne peuvent par conféquent être répréfentées par leurs octaves dans une harmonie qu'elles infec-

teroient pour lors, comme lui étant
tout-à-fait étrangères, & ne doivent par conséquent être admises
que dans le lieu où la nature, les
a placées : sinon ces octaves, toujours sous-entenduës partout où
elles peuvent être insérées, donne-
roient une triple dissonnance dans
l'accord de la neuviéme entre ces
quatre sons, *mi fa sol la*, qui s'y
rencontreroient pour lors : ce qui
prouve bien que l'oreille n'en est
nullement frappée. Quelle seroit
la cacophonie d'une triple dissonnance, lorsque la double, comme *fa sol la*, est déja insupporta-
ble ? Je ne sçais si je me fais bien
entendre ; mais on ne peut con-
tester toutes les vérités que je

viens de déduire, que pour me fournir les moyens de les mettre dans un plus grand jour. C'est ici où ce passage du Psalmiste conviendroit assez, *Oculos habent & non vident, aures habent & non audiunt.*

De cette erreur on passe à une autre : croiroit-on, en effet, que le son fondamental de la neuviéme, auquel l'Auteur conserve la même qualité lorsqu'il lui fait porter, au 2e. accord de l'éxemple, celui de *septiéme & sixte*, croiroit-on, dis-je, que pour lors ce son fondamental n'est plus tel : ce n'est plus qu'une médiante, ou une su-dominante, selon que le repos va se terminer ensuite sur

une tonique, ou fur fa dominante : quel eft le Muficien qui ne
s'en appercevra pas par fa feule
expérience ? Il y verra que pendant
qu'une même harmonie éxifte ,
paffe dans la Baffe une note de
goût, qui reçoit pour lors comme
feptiéme & fixte , le fon fondamental de cette harmonie avec fa
feptiéme , & qu'immédiatement
enfuite la même harmonie ren-
trant dans tous fes droits , marche dans l'ordre légitime , où la
diffonnance premiere , cette feptiéme du fon fondamental ; qui
feule occupe l'oreille dès le moment qu'elle en a été entenduë ,
fe fauve felon nos defirs. On pour-
roit également faire paffer dans
la

la Baſſe pluſieurs autres notes de goût, ſur leſquelles l'harmonie déja donnée, & qui ſe conſerve encore après, formeroit des Accords tout auſſi inſupportables que le ſont les trois dérivés de l'éxemple ; mais on ne fait jamais mention de ces ſortes de notes par tout où il s'agit du fond de l'harmonie ; l'oreille n'en tient nul compte, & l'on en abandonne toujours le choix à la diſcrétion des grands Maîtres.

Si cette Baſſe du 2°. Accord n'eſt plus ſon fondamental, donc celles qui ſont appellées enſuite ſa tierce & ſa ſeptiéme, ne le ſont plus que relativement à une note arbitraire, & abſolument indifférente.

F

La p. 79. ne contient pas moins d'erreurs. Si , par exemple , il y a deux Accords de feptiéme , dont la note fenfible fait la différence , ils ont par conféquent chacun leur fuppofition particuliére, comme on peut le remarquer entre l'Accord précédent de la neuviéme , & celui de la *quinte fuperfluë* , où le diéze , qui n'eft point dans le premier , marque cette note fenfible : pourquoi donc n'a-t-on pas fait la même diftinction entre l'Accord de *onziéme ou quarte* , & celui de la *feptiéme fuperfluë* , qu'on préfente avec les mêmes notes : il falloit ajouter un bémol à la noire *fi* pour défigner , en effet, le premier Accord , & pour le diftinguer de l'autre , qui feul porte la note fenfible.

On ne peut fçavoir ce que fignifie cette différence de noms pour un même Accord : les deux notes noircies , pour indiquer qu'elles peuvent être retranchées, n'y changent rien pour cela : d'ailleurs l'Accord de quarte , laiffant à part le nom de onziéme , fe complette généralement fur une fu-tonique , & ce n'eft que fur une tonique , ou fur une dominante qu'on en retranche ordinairement les deux noires : au lieu que l'Accord de feptiéme fuperfluë annéxé à la feule tonique fe complette toujours : on fçait

bien que s'il y a moins de parties
dans une Mufique qu'il n'y a de
notes dans un Accord , il faut
retrancher de ces notes à proportion , dont le choix dépend du
goût : c'eft pourquoi il falloit
ajouter l'octave de la note par fuppofition dans l'Accord donné
avec le retranchement des deux
noires, pour indiquer la quatriéme
partie qu'on y joint toujours
quand on compofe à quatre ;
mais cela n'auroit pas quadré avec
les dérivés imaginaires qu'on y
propofe.

Les trois Accords de l'éxemple
de la quarte , où les deux derniers
font donnés pour dérivés du premier , font au contraire trois origi-

naux de même espéce, où la même supposition a lieu.

1°. La quarte reconnuë dans tout Accord dissonant pour principale dissonance, puisqu'elle y est toujours septiéme du son fondamental, n'étant point donnée par la même note dans les deux premiers Accords, prouve que l'un & l'autre sont premiers dans leur espéce, la septiéme n'ayant été insérée dans le deuxiéme que pour le faire quadrer avec le premier.

2°. La quarte, retranchée sans raison du dernier Accord, prouve encore qu'il est aussi premier dans son espéce, & la septiéme super-fluë *mi*, qui devroit s'y trouver,

F iij

n'en eſt également retranchée,
que parce que la plus baſſe note
fa , y ſuſpend dans la Baſſe ce
même *mi* : c'eſt un fait de pratique dont tous les bons Compoſi-
teurs peuvent rendre compte.

3°. Tout Accord diſſonant doit
contenir au moins quatre ſons différens , pourquoi donc n'en préſenter ici que trois ?

4°. Tout Accord doit contenir
les mêmes ſons & en même nombre que celui dont il dérive : pourquoi donc encore n'en préſenter
ici que trois dans les dérivés ,
lorſque l'original en contient cinq?
Quoi ! parce que différens Accords auront pluſieurs notes com-
munes , j'y choiſirai à mon gré

celles qu'il me plaira pour faire
quadrer ces Accords entr'eux ?
Je n'ai donc qu'a dire que tous
les Accords confonans dérivent
de celui de la feptiéme , *ut mi
fol fi*, puifqu'en retranchant *fi*, j'ai
l'Accord parfait majeur & fes dérivés , *ut mi fol* ; & qu'en retranchant au contraire *ut*, j'ai l'Accord
parfait mineur & fes dérivés , *mi
fol fi*. Dans une Mufique à deux
ou trois parties le choix eft nécef-
faire, comme je l'ai déja fait entendre ; mais eft-ce ici le lieu d'en
parler, ou du moins ne devoit-on
pas en avertir ?

5°. Si l'on eût donné le 4ᵉ. & le
5ᵉ. fons poffibles aux deux derniers
Accords , pour peu qu'on eût

eû d'oreille, on auroit senti que la quinte reste pendant que la quarte descend diatoniquement : que dis-je, sans le secours de la quinte, la marche de cette quarte est sensible, outre que comme dissonance elle est nommément spécifiée au mot dissonance, p. 1050, sur la fin de 1, où l'on dit, *ainsi après sol fa, vous aurez sol mi.* *Sol* étant, dans le cas présent, la quinte qui reste, & *fa* la quarte qui descend diatoniquement sur *mi.*

Il faut bien se souvenir que la septiéme d'une note par supposition n'est point encore la principale dissonance, car elle est quinte ou tierce du son fondamental, c'est la seule septiéme de celui-ci, qui fait neuviéme ou quarte de la note par supposition, dont l'oreille s'occupe uniquement jusqu'à ce qu'elle soit sauvée.

Je sens bien que ceci n'est pas à la portée de tout le monde, & que pour en juger il faut être un peu initié dans la pratique de la Composition, ou du moins dans sa Théorie : ce n'est cependant que par de pareils moyens qu'on peut arriver aux connoissances nécessaires pour rendre raison des effets de la Musique : Quoi ! l'on aimera mieux être séduit, qu'instruit par des vérités qui ne paroissent abstraites que parce qu'on ne veut pas se donner la peine de

les approfondir : que les perfon-
nes qui veulent décider s'en rap-
portent du moins à un Accompagnateur bon harmonifte , il
leur fera entendre & voir les
ordres & les fuites d'Accords
dont elles voudront s'inftruire , &
fi peu qu'elles ayent la tête fonan-
te elles en pourront juger par les
effets qu'elles en éprouveront : encore fi celles qui ne font point
au fait demeuroient dans le filen-
ce ? mais non ; l'on vient tout ré-
cemment de louer à l'excès l'Auteur de tant d'erreurs dans le Jour-
nal des Sçavants (*a*) , où l'on cite
pour preuves les articles de *Con-*
fonance & de *Diffonance*. Com-

(*a*) 2°. Du mois de Juin , 1755.

me il n'y a pas moyen de se tromper sur les consonances , aussi
le Panégyriste s'y étend-il presque
autant que son Héros ; mais pour
ce qui est de la dissonance , il
n'en dit pas un mot : pourquoi
donc la citer ? & qu'augurer d'un
pareil silence ? il auroit pû cependant y remarquer une nouveauté
de sa compétence , savoir que ,
lorsqu'il s'agit de dire comment
se prépare la dissonance , on ren-
voye à *préparer* , p. 1050 , 3 , 2ᵉ
colomne: les raisons qu'on en donne ne sont pas recevables , sinon
l'on seroit en droit d'en faire autant à tous les articles avec des ex-
cuses bien concertées : ce n'est ,
au bout du compte , qu'abréger

un article pour allonger l'autre : il vaut donc mieux mettre les cho-ses en place, c'est l'usage, c'est la raison. Au reste je souhaite plus que personne, que les curieux n'ayent pas le tems de s'impa-tienter.

CADENCE p. 513.

Fin du 1er alinea. *Or comme tou-te phrase harmonique est nécessai-rement liée par des dissonnances exprimées ou sous - entenduës, il s'ensuit que toute l'harmonie n'est proprement qu'une suite de Ca-dences.*

C'est cette derniere conclu-sion, *il s'ensuit &c.* que M. Ra-meau a relevée dans ses *Observa-*

tions ; mais il ne s'en feroit pas tenu là s'il eût éxaminé l'article de
l'Accompagnement p. 76, 5, où
il est dit, *l'Accord consonnant parfait ne convenant qu'à la tonique,
la succession des Accords conson-
nants fournit autant de toniques,
& par conséquent de changemens
de ton* ; puisqu'il auroit reconnû
entre ces deux articles une contradiction manifeste, dont il n'auroit pas manqué de faire mention : en effet, dès que l'on convient que deux Accords çonso-
nants peuvent se succéder, c'est
convenir qu'il n'y a point là de
Cadences, conséquemment à cet
énoncé 3 : *Comme il n'y a point
de dissonnance sans cadence, il n'y*

a point non plus de Cadence sans dissonance &c.

Page 514 : dernier alinea. *Nul Auteur jusqu'ici n'a parlé de cette ascension &c.* M. Dalembert fait sentir d'abord ensuite le peu de poids de cette réflèxion, mais si l'on examine 1. de la 2ᵉ colonne de la p. 76, lettre A, on y lira, *l'harmonie ascendante est fournie par une succession de quintes en montant.... accompagnées de.... la sixte ajoutée &c.* ce qui est précisément l'énoncé de la régle donnée par M. Rameau dans son Plan : il a donc été parlé de cette ascension : on en convient ici pendant qu'on le nie plus loin : autre contradiction. Ce n'est pas le

tout : l'Auteur qui croit avoir trou-
vé une heureuse distinction entre
la marche des *septiémes* & celle
des *sixtes ajouteés* , qualifie l'une
de *Descendante* , & l'autre *d'Ascendante* : encore s'il y eût pris
pour preuve la Basse fondamentale , qui descend de quinte d'un
coté , & monte de même de
l'autre , auroit-il eû quelques raisons , mais point du tout , c'est de
la marche de l'harmonie même
qu'il veut parler , non de la fondamentale , non plus que de celle
de la dissonance en particulier ,
conséquemment à ce qui suit
dans l'alinea que je viens de citer
à A : *ainsi par les régles ordinai-
res , l'harmonie qui naît d'une*

succeſſion de diſſonances deſcend toujours , quoique ſelon ſes vrais principes & ſelon la raiſon , elle doive avoir en montant une progreſſion toute auſſi réguliere qu'en deſcendant. Voyez *Cadence.*

Il n'y a rien dans l'article de la *Cadence* qui juſtifie le précédent. Si la diſſonance monte dans la cadence irréguliére, cela ne prouve nullement que le total de l'harmonie y monte , de même qu'il deſcend toujours dans une ſucceſſion de dominanes , où la note ſenſible n'a point lieu : au contraire , pendant que la ſixte ajoutée monte, l'octave & la tierce deſcendent toujours ſur la tierce & la quinte du ſon fondamental : de plus ,

plus, eette harmonie afcendante, pour qui ne voit qu'une partie de l'objet, ne peut fe continuer avec des fixtes ajouteés, fans y être inter-rompüe de l'une à l'autre par l'ac-cord parfait ,auquel la fixte peut effectivement s'ajouter immédia-tement après : la cadence ne peut y être fimuleé comme dans une fuite de dominantes, où la feule note fenfible, qui monte toujours, décide la cadence parfaite : fans cette note fenfible , la cadence eft fimplement imitée dans la marche fondamentale , au lieu qu'avec la fixte ajoutée, qui eft une diffonance majeure , auffi bien que la note fenfible , la cadence irréguliére eft néceffairement an-

G

noncée , & doit avoir son plein
effet , avant que de passer à une
autre. Tel est le caractére de la
dissonance majeure : en décidant
la cadence, elle est seule forcée de
monter , & les consonances qu'elle
accompagne ont toute liberté de
monter ou de decendre , selon
que le gout du chant & le rapport
des parties entr'elles le réquiérent,
excepté cependant la consonance
contre laquelle la dissonance heur-
te comme seconde ou septiéme ,
& qui reste sur le même degré ,
ou prend une route opposée.

Ce choc de la dissonance est expliqué d'une maniére assez curieu-
se dans le supplément du Traité
de l'Harmonie , p. 6.

CHOEUR, p. 362.

Je ne rappellerai point la contradiction qui se trouve ici avec ce que le même Auteur dit des Chœurs dans sa lettre sur la Musique, on peut voir ce qui en est à la fin des observations de M. Rameau.

CHROMATIQUE, p. 387.

1. *Genre de Musique qui procéde par plusieurs sémitons de suite.*

Il falloit expliquer dans l'Article qu'il n'y avoit jamais deux sémitons chromatiques de suite ; au lieu qu'on y laisse même à douter si le sémiton diatonique n'est pas aussi chromatique , on devoit y déclarer encore que le fémiton chromatique annonçoit toujours un nouveau *ton* ou *mode*.

DISSONANCE, p. 1049.

1. 2ᵉ Colonne. Après avoir donné une idée générale, mais nullement pofitive, des diffonances, après avoir dit que le P. Merfennes *fe contente d'en montrer la généra-tion*, génération, qui cependant, n'eft fondée que fur des calculs dictés par la fimple expérience, on tombe fur M. Rameau avec une ironie affez marquée : cet Auteur, dit-on, *après avoir dit en ter-mes formels que la diffonance n'eft pas naturelle à l'harmonie....effaye*

d'en trouver le principe dans les rapports, les proportions, analogies, convenances, métamorphoses &c.

Si la diſſonance étoit naturelle à l'harmonie, il ſuffiroit d'expoſer le fait : & c'eſt juſtement parce qu'elle ne l'eſt pas, quoique l'oreille l'adopte, que pour ſatisfaire la raiſon ſur ce point, autant qu'il eſt poſſible, on ne ſçauroit trop épuiſer *les rapports, les analogies, les convenances, même les métamorphoſes,* s'il y en a : ſans doute que l'inſtinct qui nous l'a ſuggérée, cette diſſonance, doit trouver dans ſon principe, dequoi l'autoriſer. Voyez le Chap. IX. de la Génération harmonique, p.

107, vous y trouverez non seulement tous les moyens fur lefquels
on croit pouvoir établir la critique dont il s'agit, vous y trouverez encore les raifons dont fe
fert M. Dalembert, à la fin de l'Article (O) pour détruire cette critique, & pour en conclure que,
*fans s'écarter pour le fond des prin-
cipes de M. Rameau*, l'addition
de la diffonance à l'harmonie, *eft
l'ouvrage de l'Art, & non de la Nature.*

Pourquoi ce Chap. IX. n'a-t-il
été cité d'aucune part? On auroit
fait connoître, d'un côté, qu'on
n'en impofoit point, & de l'autre,
on auroit juftifié en plein fon Auteur: au lieu qu'il femble qu'on

veuille lui faire grace, en difant,
fans s'écarter pour le fond des prin-
cipes de M. Rameau, lorfqu'on
devoit dire tout fimplement,
felon les principes de M. Rameau.

D'ailleurs, quoique, cette addition de la diffonance femble n'ê-
tre duë qu'à l'Art, les raifons tirées
du chap. en queftion, celles là, même, que M. Dalembert cite, prou-
vent affez que la Nature y a beaucoup de part, finon directement,
du moins indirectement, par la
néceffité où l'on eft de l'employer pour faire diftinguer,
dans le mode, la tonique de fa
dominante, & de fa fous-dominante : l'inftinct qui nous la fug-
gére n'eft-il pas l'ouvrage de la Na-

G iiij

ture ? quand, par éxemple, on def-
cend de l'octave de la dominante
fur la tierce de fa tonique, & que
l'on monte de la quinte de la fou-
dominante à cette même tierce de
la tonique, moins on a d'expérience, plus on eft naturellement por-
té à marcher par les moindres degrés diatoniques, & par conféquent à paffer de côté & d'autre par
la diffonance qui conduit à ces
tierces, pendant que fubfifte toujours la même harmonie, dont la
Baffe fondamentale devient auffi
celle de ces deux diffonances, qui
font les feules qu'on puiffe employer dans l'harmonie fondamentale: *la note fenfible*, connuë fous le
nom de *triton*, de *quinte fuper-*

fluë &c. n'étant point diſſonance par elle-même, puiſque c'eſt, dans ſon origine, la tierce majeure d'une dominante tonique, comme cela eſt prouvé dans les Ouvrages de M. Rameau.

Pour donner plus de poids à la critique, on l'appuye principalement des deux remarques ſuivantes.

Parce que la proportion Arith-métique lui donne, à ce qu'il pré-tend, remarquez, à ce qu'il pré-tend, la tierce mineure au grave &c. La prétention eſt certainement bien fondée, puiſqu'on ne peut juger de l'effet de cette proportion qu'après l'avoir diſpoſée dans l'ordre de ſon principe, qui

oblige de renverfer celui dans lequel elle fe préfente d'abord , &
où l'on trouve , pour lors , $\frac{1}{10}$ $\frac{1}{12}$ $\frac{1}{17}$,
fçavoir *La* , *Ut* , *Mi*.

En réduifant à fes moindres
termes ou degrés la proportion
donnée par des multiples , aux-
quels toute harmonie eft interdite,
felon l'expofé des pages 76 , & 77,
c'eft fuivre la loi que dicte la Nature, & dans la proportion harmonique fufceptible de la même réduc-
tion , & dans les fonctions de l'o-
reille , qui nous fait naturellement réduire tous les intervalles à leurs moindres degrés : (*a*) la
différence qui fe trouve pour lors

(*a*) Voyez la Réponfe de M. Rameau à M.
Euler fur l'identité des Octaves, p. 5. & la fuite.

entre cette derniére proportion &
celle de l'Arithmétique dont il
s'agit maintenant, ne consistant
que dans la transposition d'ordre
entre les deux tierces qui y com-
posent de chaque côté la quinte.

Si l'on suit ici les loix de la Nature, on les transgresse au contraire, en suppotant la totalité
des multiples susceptible de son
harmonie, comme on l'a fait à l'é-
gard de la supposition p. 76. & 77.

En suivant toujours ces mêmes loix, on doit remarquer que
dans chaque proportion qu'engendre le principe, dans la Géométrique même, dont se forme
le *Mode* (*a*) la quinte ou 12e est
le terme moyen, & par consé-
quent le numérateur de chacune
de ces proportions : c'est donc à

(*a*) Démonstration du Principe de l'Harmonie, p. 19. jusqu'a 32, puis encore p. 62,
jusqu'à 70.

elle d'ordonner du *Mode* : & dès-lors sa quinte au-dessous n'étant plus tirée des Multiples, se trouve naturellement harmonieuse.

De cette remarque suit cette autre, sçavoir, que le principe, en cédant à sa quinte le droit d'ordonner du *Mode majeur*, céde aussi à sa tierce, ou 17e, celui d'ordonner du *mineur* : si bien qu'en supposant que ce principe s'appelle *fa*, sa quinte *ut*, ordonne d'un côté, & sa tierce, *la*, de l'autre : de-là vient le rapport intime de ces deux Modes.

M. Rameau croit pouvoir tout concilier : la proportion lui sert pour introduire la dissonance, & le défaut de proportion lui sert pour la faire sentir. Le jeu de mots semble n'avoir été employé que pour jetter plus de ridicule.

La diſſonance ajoutée à l'Accord parfait n'y eſt nullement proportionelle : donc, ce n'eſt pas en ce cas *la proportion qui ſert à introduire la diſſonance* : d'un autre côté, l'altération de la tierce ajoutée, pour former diſſonance, eſt un défaut de rapport entre deux Sons, & non de proportion, où il en faut au moins trois ; ce n'eſt donc pas en ce cas non plus *que le défaut de proportion ſert à la faire ſentir.*

Quel fruit tirer d'une pareille critique, où l'on ne fait que plaiſanter, & où, loin de la ſoutenir par de bonnes raiſons, on ſe trompe dans tous les points ſur leſquels on l'établit? Seroit-ce en vuë de

faire valoir un moyen qu'on propose ensuite (3) *pour sçavoir où
l'on doit la prendre*, cette dissonance, *& comment il faut l'employer ?*

Ce moyen, qui consiste dans la
seconde, a déja été épuisé par M.
Rameau dans les pages 3. 4. 5. 6.
7. du supplément à son Traité de
l'Harmonie, & dans les chap. XI.
XII. XIII. & XIV. de son Nouveau
Systême : il y ajoute même une remarque absolument oubliée dans
l'article en question, & sans laquelle, cependant, on peut aisément donner dans l'erreur, sçavoir, que cette *seconde* n'est re-
çue dans l'harmonie que comme
renversée de la *septiéme*, seule &

unique diſſonance que puiſſe porter la Baſſe fondamentale : & ſi
l'on peut y oppoſer la *ſixte* ajoutée à l'accord d'une ſousdominan-
te, le même Auteur prouve que
cet accord pouvant ſe réduire en
celui de la ſeptiéme, à la faveur
d'un *double emploi*, dont il a enri-
chi ſon Art, toute diſſonance peut
fort bien être conçuë ſous la ſeule idée de la ſeptiéme.

5. Pour autoriſer cette *ſeconde*,
on dit, *ſur le La, entre le Sol & le
Si, elle feroit une ſeconde avec l'u-
ne & avec l'autre, & par conſéquent diſſoneroit doublement :* du-
plicité à laquelle cependant on
n'a point eû égard au mot Accord, ſi l'on veut bien s'en ſou-
venir.

Si l'on propofe l'Accord fondamental, *Sol Si Ré Sol*, au quel on
ajoute tantôt *Fa*, tantôt *Mi*,
pour avoir *d'un côté*, p. 1050,
l'Accord de feptiéme, & *de l'autre*, *l'Accord de fixte ajoutée*,
qu'eft-ce que cela conclud, dès
qu'on ne dit pas que ces Accords font les feuls fondamentaux fur lefquels il faille fe guider?

Si l'on rappelle enfuite la Baffe
fondamentale, en enfeignant la
marche des deux diffonances
trouvées par le moyen de la *fecon-
de*, on en fait dépendre celle de
cette Baffe, lorfque c'eft au contraire fur la marche fondamentale
que toutes les autres font diri-
gées ; on donne ici l'effet pour
la

la caufe, & la caufe pour l'effet.

Au lieu de tenir toujours le Lecteur fur les voyes du principe, on s'en éloigne à chaque inftant : fi l'on entreprend d'enfeigner comment la diffonance fe *prépare* & fe *fauve*, outre qu'on la rend l'arbitre de fa marche, pendant qu'elle ne la tient que de fa baffe fondamentale , comme je viens de le faire remarquer, c'eft qu'on eft obligé de renvoyer au mot *préparer* , pour ce qui regarde fa *préparation.*

Se peut-il que dans un Ouvrage tel que le Dictionnaire Encyclopédique , qui doit être , pour la poftérité comme pour le préfent, un recueil de vérités , on traite

H

auſſi mal qu'on le fait d'un Art,
d'une Science, dont le principe
donné par la nature doit indubita-
blement influer ſur d'autres Arts
& Sciences, & doit y entretenir
une liaiſon digne de trouver ſa
place dans un pareil Ouvrage.

Ce principe conſiſte dans la ré-
ſonnance d'un corps ſonore, d'où
réſultent trois ſons différens (*a*),
ſi parfaitement unis, qu'on croit
toujours n'en entendre qu'un ſeul,
excepté qu'avec une tête bien or-
ganiſée on n'y donne une attention
expreſſe : ce qui conſtate plus que
jamais l'infaillibilité du jugement
de l'oreille, puiſqu'elle en eſt l'u-

____

(*a*) C'eſt un fait d'expérience généralement
reconnu.

nique juge , & qu'elle est extrêmement choquée de la moindre altération entre les consonnances for-
mées de ces trois mêmes sons.

Il n'en faut pas davantage pour
composer de bonne Musique &
pour jouir de ses effets , comme
le prouve le passé , où la seule
expérience a conduit le Musicien.

Pourquoi donc a-t-on voulu savoir en quoi consistent les rapports des intervalles harmoniques,
en mesurant , pour cet effet , les
corps qui les font entendre , en
soumettant, en un mot, la Musique
à la Géométrie ?

Sans doute que reconnoissant
l'infaillibilité du jugement de l'o-
reille , ne pouvant compter sur

celui d'aucun autre Sens , ne pouvant même s'assurer d'un rapport
d'égalité que l'œil apperçoit , &
trouvant dans la seule Musique le
moyen de faire concourir mutuel-
lement ces deux sens principaux ,
l'ouïe & la vuë , on a tout espéré
du secours de l'oreille dans la partie qui lui est particuliere sur la
certitude des rapports entre les
différens objets qui frappent nos
sens ; mais sourds à la voix de la
nature , insensibles à l'harmonie
du corps sonore , les Géométres
ont échoué dans toutes leurs recherches sur ce sujet ; & le seul
fruit qu'ils en ont pû tirer c'est
de reconnoître que tels intervalles
avoient tels rapports numériques,

applicables à des grandeurs , fans que l'Art en ait été plus favorifé pour cela.

On ne fe trompoit point , il falloit à l'efprit une certitude fur les rapports qu'ont entr'eux les différens objets qui frappent nos fens : de tous ces fens l'oreille a feule ce droit de certitude dans la feule Mufique , & dans quelle circonftance encore ? juftement en ce qui regarde toutes les vérités Mathématiques & les premiers principes de cette Science.

Semblable à une racine qui , au premier moment qu'elle végéteroit , produiroit troncs , branches & fruits : le corps fonore , dans le moment qu'il réfonne ,

engendre proportions , progreffions & rapports. (*a*) Il fait d'a-
bord entendre, dans fes aliquotes,
la plus parfaite de toutes les proportions , dite harmonique , en
rapport de $1 : \frac{1}{3} : \frac{1}{5}$, ou de 15 : 5 : 3 :
quand on la reçoit des différentes
grandeurs des corps : il fait voir
enfuite dans fes aliquantes une autre proportion moins parfaite ,
dite Arithmétique , en rapport de
1 : 3 : 5 : & la route qu'il fe prefcrit
de côté & d'autre , lui fait enfin
engendrer toutes les proportions
géométriques , dont les trois pre-

(*a*) Démonftration du Principe de l'Harmonie, pages 19. 20. 21.22. 25. 30. 31. 32.
& 90. Voyez auffi la Table des progreffions A,
à la fin du Livre, Table mieux circonftanciée
encore dans le Nouveau Syftême de Mufique ,
p. 24.

mieres, où les mêmes termes de l'Harmonique, aussi bien que de celle de l'Arithmétique, deviennent les dénominateurs, constituent toute la Musique : l'octave du principe 2, ou $\frac{1}{2}$, y étant comprise, soit pour combiner l'harmonie fondamentale à notre gré, soit pour réduire les rapports à leurs moindres termes.

Des deux premieres proportions naissent les plus simples progressions, & des dernieres naissent de nouvelles progressions, dites, en conséquence, Géométriques, selon les Tables où j'ai déja renvoyé : ce qui constitue toutes les progressions.

De ces proportions & progresfions naiffent tous les rapports poffibles : comment donc la Mufique n'auroit-elle pas une liaifon intime, pour ne pas dire plus, comme on l'a déja hazardé, avec toutes les autres Sciences, dès qu'elles ne font fondées que fur les mêmes loix que prefcrit fon principe ?

Si chaque Phyficien, chaque Géometre vouloit fe donner la peine de vérifier le rapport qu'a la Mufique avec l'Art, ou la Science dont il eft en poffeffion, peut-être y découvriroit-il ce qu'on n'a fait encore qu'entrevoir dans toutes les comparaifons dont les écrits, tant anciens que modernes, font remplis.

On fçait bien que chaque Art, chaque Science a fes propriétés particuliéres. Mais ne pourroient-elles pas dépendre, toutes, d'un même principe ? Y a-t il deux principes dans la Nature ? En pouvons-nous découvrir par un autre canal que par celui de nos fens? Et peuvent-ils nous en offrir un qui leur foit auffi palpable que la réfonnance du corps fonore, & d'où la certitude des rapports puiffe naître, comme elle naît ici de l'effet qu'éprouve l'oreille ?

Au défaut du fecours de l'oreille, au défaut des certitudes qu'on en auroit pû tirer, on a été forcé de fuivre dans les Sciences un ordre diamétralement oppofé

à celui que prescrit la résonnan-
ce du corps sonore : on s'est ac-
croché à la premiere branche
dont on a crû pouvoir tirer quelques fruits, pour, de-là, remonter
à sa racine , à son principe : &
dans ce renversement d'ordre on
a été également forcé de substituer la proportion Arithmétique
à l'harmonique , & celle-ci à l'autre , peut-être sans y avoir jamais
pensé. Pourquoi effectivement le
moins parfait auroit-il été préfé-
ré au plus parfait , si l'on n'y eût
pas été contraint par le renversement en question ?

Malgré toutes les belles décou-
vertes dont nous sommes actuel-
lement en possession , on n'a pû

encore remonter juſqu'à leur principe. On s'eſt contenté d'être ar-
rivé aux proportions qu'il donne ;
mais en connoît-on bien l'ordre
original ? Cela ne paroît pas du
moins dans les régles du Géomé-
tre : il y confond leur premier ordre avec leurs différentes combi-
naiſons , que dis-je , avec de ſim-
ples imitations. Ce premier ordre
qui eſt 1 5 : 5 : 3 : pour la proportion harmonique, & 1 : 3 : 5 : pour
celle de l'Arithmétique , n'eſt
preſque jamais indiqué pour modèle : on donne d'un côté 6 : 4 :
3 : où manquent la 17e & la ſixte ,
ou bien 5 : 12 : 10 : qui n'en eſt
qu'une combinaiſon : de l'autre ,
on donne 1 2 3 , 2 3 4 , 3 4 5 ,
4 5 6 , lorſqu'il ne ſe trouve partout que des imitations , où manquent quelques conſonnances ,

excepté dans 4. 5. 6. qui n'en eſt qu'une combinaiſon.

L'octave ſe trouve partout ſub-ſtituée aux conſonnances qui doi-vent rendre la proportion com-plette & réguliére ſelon ſon pre-mier ordre : ce qui ajoute encore aux droits de la Muſique.

Je ne ſçais ſi ces derniéres re-marques ſont de quelque poids en Géométrie : ne ſe pourroit-il pas cependant que pour n'avoir pas été aſſez ſcrupuleux ſur la plus grande perfection d'une propor-tion , on eût laiſſé échapper quel-ques vérités plus lumineuſes en-core que celles qu'on en a tirées ? tout n'eſt pas découvert , & s'il reſte quelque choſe à ſçavoir, après avoir ſcruté la Nature dans tout ce qu'on y a pû entrevoir , avons-nous d'autres reſſources que les conféquences qu'on peut tirer du principe qui fe préfente aujour-d'hui pour la premiere fois , & fans doute pour la derniere, puif-que dans tout ce qui frappe nos fens, la certitude des rapports ne peut être donnée que par l'oreil-le, qui n'a de droits qu'en Mufi-que.

D'où vient qu'en Mufique une proportion obfervée dans fa gran-de régularité enchante (*a*) lorf-qu'on ne reçoit qu'un plaifir mé-diocre de l'une de fes combinai-fons , dont prefque toutes les me-fures de la Mufique font remplies? le Géométrique tient ici au Phy-fique , puifque la différence des effets n'y eft occafionnée que par celle des rapports.

Peu m'importe de fçavoir que ce

(*a*) Pages 33. & 49.

qui me plaît dans un Art, naît d'une telle disposition entre ses parties, le sentiment m'y suffit, & pour le mettre en œuvre, & pour en juger : pourquoi donc mon esprit se trouve-t-il éclairé par des rapports numériques analogues au plus ou moins de plaisir que j'en éprouve ? Qu'ai-je besoin de sçavoir, par exemple, que tel intervalle est comme 4. à 5. c'est pour moi une *Tierce d'ut à mi*, & cela me suffit : aussi le Musicien, qui n'a que son oreille pour guide, ne peut-il rien comprendre dans un calcul qui semble, au contraire, ne lui offrir que des contradictions.

Une tierce est comme 4. à 5. ou comme 5. à 6. Une Octave comme 1. à 2. cela jure à quiconque ne se conduit que par le sentiment.

Cependant la Nature ne s'explique point
en vain : seroit-ce en pure perte qu'elle nous
favoriseroit d'un Art où l'infaillibilité du
jugement de l'oreille nous fait sentir & la
justesse & la perfection des rapports, & le
plus ou le moins de perfection entr'eux ;
pendant que toute réfléxion en doit être
bannie, si l'on veut jouir plenement de ses
effets ? Au lieu que dans tous les objets qui
frappent nos autres sens, la réfléxion est
nécessaire, pour suppléer à leur défaut sur
la certitude de ces rapports, & de leur plus
ou moins de perfection entr'eux.

D'un côté le Sens est notre unique arbitre, de l'autre il ne peut rien sans le secours
des opérations de l'esprit ; mais sur quoi fonder ces opérations, si le sens n'avertit point
du plus ou du moins de perfection entre des
rapports qu'on appercevra ? A combien de
recherches l'homme n'a-t-il pas été asservi
pour parvenir à cette connoissance ? Si par sa
grande perspicacité il a enfin franchi la bar-
rière qui s'opposoit à son passage, la gloire
qui lui en revient ne doit pas l'empêcher,
pour cela, d'admirer l'Auteur qui l'avoit prévenu, en lui présentant un Art dont l'agré-

ment pût l'engager à en faire son amusement, jusqu'au point de le sonder assez pour y découvrir le principe qui pouvoit le guider avec certitude dans ses recherches, en le faisant passer ainsi de l'agréable à l'utile.

Je ne me suis étendu dans des digressions sur un Art dont on peut tirer encore quelques lumiéres, que pour mettre les Editeurs du Dictionnaire Encyclopédique sur la voie des vérités qu'ils ignorent, négligent, ou dissimulent pour y substituer des erreurs, des critiques sans solution, même des opinions : comme si l'autorité, encore moins l'opinion, avoit quelques droits dans les Sciences, surtout dans la Musique, où il ne s'agit que d'être l'Interpréte de la Nature, comme j'ai tâché de l'être partout. Il y a lieu d'espérer qu'on y fera plus d'attention à l'avenir.

FIN.

APPROBATION.

J'Ai lû par ordre de Monseigneur le Chancelier, un Manuscrit intitulé : *Erreurs sur la Musique &c.* & j'ai crû que l'impression en seroit aussi agréable au Public qu'utile au progrès de l'Art. A Paris, ce 4. Août 1755.   TRUBLET.

ERRATA.

Page 104. ligne 4. *il y a*, l'on monte de la quinte &c. *lisez* : l'on monte de la quinte à la soudominante.